꽃잎에 편지를 쓰다

꽃잎에 편지를 쓰다

박미혜 시집

인간과문학사

시인의 말

　들녘에는 노릇노릇 벼 익는 소리가 수런수런 하다. 가을 햇살 한 줌이 감나무 가지 끝에 걸려 있다.
　민낯으로 익어가는 감이 가을을 매달고 있다. 나는 가을 앞에 앉아 있다.

　기다림의 시간을 베고 누웠다 잠이 들었다. 잠에서 깨어나 보니 내 앞에 놓인 건 밤새 쓴 예쁜 꽃잎 편지 한 장, 이 꽃잎 편지를 그이의 가슴에 영원히 새겨놓고 싶다.

　그간 주부로서 평범하게 남편 내조와 두 딸을 예쁘고 훌륭하게 키우려고 노력했다. 딸들이 초등학교 때 방학이면 위인 집을 구입해서 읽게 하고, 책을 다 읽으면 백 원씩 주기도 했다. 조금 두꺼운 책을 읽으면 500원을 주기도 했다. 그럴 때마다 두 딸들은 그 돈을 쓰지 않고 저금통에 넣었다. 어릴 때부터 스스로 저축심이 싹튼 것이다.

　이런 딸들의 독서 하는 모습을 본 남편은 마냥 행복해했다. 나에게 커피를 타 주기도 하고 딸들에겐 아이스크림을 사다 주기도 했다. 어린 딸들이 독서에 빠졌던 이유는 엄마의 영향이 컸다고 본다.

시인이라면 누구나 독자들로부터 좋은 시를 쓴다는 평가 받기를 원한다. 그렇지만 시는 쓰면 쓸수록 어렵다. 좋은 시를 쓴다는 것은 더욱 어렵다. 그래도 시를 쓰는 이유는 각자의 삶을 시詩란 그릇에 담아내 세상을 아름답게 가꾸고자 하는 마음이다.

중년에 들어서면서 문학의 의미를 깨달은 끝에 첫 시집을 내게 됐다. 등단 후 6년 만이다. 한때 꽃가게를 한 탓인지 꽃에 대한 시가 많다. 그동안 시를 쓰고 공부하는 나를 음으로 양으로 도와준 남편에게 존경과 고마움을 전한다. 곁에서 엄마를 응원하며 예쁘게 잘 자라 준 두 딸과 엄마에게도 고마움을 표한다.

끝으로 이 시집이 나오기까지 많은 도움을 주신 신영규 선생님과 호병탁 평론가에게 무한한 감사와 고마움을 전하며, 이 시집을 아버지 영전에 삼가 바친다.

2024년 9월 가을 초입에서
박미혜

차 례

시인의 말 *04*

1부 해바라기 사람들

가을비 *14*
꽃순이 *15*
가을을 기다리는 여자 *16*
낚시하는 내 편 *18*
내 나이 분리수거 하다 *20*
마음의 덫 *21*
몽당연필 *22*
바람처럼 *23*
봄을 기다리는 여자 *24*
어머니 1 *25*
어머니 2 *26*
어디서 만나랴 *27*
어머니의 봄 *28*
사랑이라면 *30*
인연 *32*

2부 꽃길을 걸으며

개나리 *34*
그리움 1 *35*
그리움 2 *36*
등대 *38*
사랑은 너니까 *39*
목련 *40*
사랑의 한계점 *42*
쉰하고 네 번째 가을 *43*
누룽지 *44*
다시 만나면 *46*
행복 *47*
가을 적금 *48*
이별 *49*
그림을 쓰다 *50*
너는 알고 있겠지 *51*
네모 사랑 *52*

3부 신바람

돌담집 54
마음의 눈 55
마주 잡은 손 56
별 57
백조 식당 58
보라색 원피스 60
수채화에 물들다 62
울타리 꽃 64
너에게 66
청소기 67
후회 68
홍삼과 꿀 70
여름산 71
너를 잊었다 72
흔적 74
가로등 75
가을 엽서 76

4부 고백의 편지

꽃바람 78
날고 싶다 79
눈물 80
다시 찾은 진주 반지 81
비 오는 날 82
수술실 앞에서 84
모닥불 피워놓고 86
영혼을 깨우는 사람 87
꽃잎에 편지를 쓰다 88
이별하는 밤에 89
진주반지 친구들 1 90
진주반지 친구들 2 91
축구 92
좋은 남자 93
응급실 94
친구 96
새벽에 97

5부 나무처럼

그 눈빛　*100*
그 기억들　*102*
그늘 아래　*103*
나를 위한 시　*104*
낮달이라 하자　*105*
나팔꽃　*106*
빗소리　*107*
배신자　*108*
나무처럼　*110*
세월　*112*
저 산 너머에는　*113*
피자 한 판　*114*
하늘　*115*
항아리　*116*
내 마음　*117*
나의 자존감　*118*
늦장미　*119*

6부 선인장

갑과 을은 져나도 좋다 *122*
꿈속에서 1 *123*
꿈속에서 2 *124*
그 얼굴 *125*
마녀 할머니 *126*
너는 배신자 *127*
오이씨 *128*
너는 맞았고 나는 다르다 *130*
더 진한 거짓말 *132*
가면 속에서 *133*
이 세상 *134*
지금 사는지 *135*
태풍 *136*
23년 5월에 *137*
가면 *138*
신호등 *140*
세탁기 *142*
도서관 안쪽 *143*
의심 *144*

평설_ 내면의 참모습을 진솔하게 토로하여 '진실 제시' 기능을
수행하는 작품들 __ 호병탁(시인, 문학평론가) *146*

1부
해바라기 사람들

가을비
꽃순이
가을을 기다리는 여자
낚시하는 내 편
내 나이 분리수거 하다
마음의 덫
몽당연필
바람처럼
봄을 기다리는 여자
어머니 1
어머니 2
어디서 만나랴
어머니의 봄
사랑이라면
인연

가을비

여름 긴 꼬리 그 불길 가라앉으니
아직도 여름 어디로 가는지 모를 일이다
어린 보슬비가 내린다
숫처녀 가랑비가 하염없이 내릴 때면
가을이 오는 것인가

결국 가을이 문을 두드린다
망각을 깨우며 온다
가을비가 내리면 온몸을 세워 그 누구와
거닐고 싶다
동해바다
작은 섬이라도 다녀오고 싶다
백사장에 파도는 비를 피해
바다로 숨어들까

달랑게들 배를 채우기 위해 갯벌
동굴 입구에서
눈꺼풀이 벌렁거린다
지금도
긴 백사장 송림에 가을비 내리겠지

꽃순이

꽃이 가까이 있으면 바람기 없는
사랑이고
잃은 사랑을 찾으려고 오던 길을
걷다 보니
우리가 처음 만났던 근원의
그 자리 공원이었지요

진실한 사랑은 언제든지 영원한
꽃이었음을……

내 안의 그대는 머리를 식혀주는
순수의 기쁜 눈물이다
오랜 세월 묵은 꽃향기를
가득 모아
그대에게 보내 줄 겁니다

이맘때면 늘
파란 향기 온몸에 두른 채
서 있는
이 꽃순이를 받아 주세요

가을을 기다리는 여자

야무진 입술 사이로 죽음을 달리하는
단풍잎을 물었다

황금 은행잎으로 제작한
원피스와 부츠, 높은 구두를 신은 채
갈대로 스카프를 두르기도 하고
도토리 목걸이 한 채를 걸고
누군가를 기다리기로 하자

거울 앞에 앉아
무르익은 가을까지 얼굴에 바르며
비웃음으로 보일지언정
화장을 하고 있다

코스모스 길게 뻗은 길을 따라
걸으면서
가을을 만끽하는 사람들과
하늘이 그려놓은 초승달 끝머리에
구름으로 얼기설기 사다리 만들어
하늘 문을 열어보자

나는
가을비가 내리는 날이면
멀어져 간 사랑하는
사람을 위해
운명적인 만남이 이뤄지면 좋겠다

낚시하는 내 편

남편은 강태공이다
주말이면 도시락을 챙기고
새벽부터 난리 부르스를 춘다

붉은 찌를 강물에 띄우고
세월도 함께 낚고 있는가 보다

생각이 멈추지 않는다
잊었던 첫사랑 생각도 날 것이다

낚시 바늘에 진득한
내 사랑마저 미끼로 끼어
강물에 던져놓을 것이다

첫사랑을 혹 낚을 수는 있을런지…….

도도히 지치지 않고 흐르는 강물을
바라보면서
당신이 믿는 내 사랑
그렇게

야광찌 위에 얹어 놓고 싶었을까

나는 한 번도
그런 사랑을 그냥 지나치지 않았다

내 나이 분리수거 하다

요즘 분리수거를 하다 보니
쓰레기 배출 내용물이 별로 없다

비닐봉지는 내 피부의 나이
플라스틱은 딱딱한 내 자존심
빈병은 속을 게워 낸 것마냥
개운하다
깡통은 내 머리의 회색 그늘 숲속
연두 바람에 흔들리며
빈 소리가 요란하다

일생의 소중했던 삶의 편린들을
대충 분리수거 하고 보니
이제 남는 것은 황량한 벌판에서
밀려오는 사나운 허무함
그리고 외로움만 남을 뿐이다

마음의 덫

따뜻하고 부드럽게 그리고
기뻐 웃고 울며
슬픔이 복받쳐 또 울다가 웃다가
우리 모두는 이미
사랑으로 맺어진 형제자매이다

무지개의 자궁이 다른 경로를 따라서
저 멀리에 안주하듯
저녁노을 감상에 젖는다

두 손을 마주 잡고 기도 하며
언제부턴가 말이 없다

겹겹이 덧칠한 내 마음을
바람 부는 날이면
이리저리 흔들거리지만 서로가 엉킨
오로지 나만이 버텨가지만
삶을 바꿀 수 있는 기도를 아직
찾지 못하였다

몽당연필

나는 주고 싶은
사랑나무 속 몽당연필

삐뚤리게 어머니라고 써 본다

손가락에 사랑 한줌 쥐고서
내가 태어날 때처럼
길게 때로는 짧게
검은 눈물을 흘리고 있다

퀴퀴한 글자로 평생을 살며
한 발짝 내디딜 때마다
품 안의
저편으로 내 꿈은 사라졌다

바람처럼

내가 힘들 때에 늘 내 곁에서
눈물 닦아주고
내가 울고 있으면 손수건을 꺼내어
외로움의 향수를 달래주던 내 편

외출 후 늦은 귀갓길 걸어올 때면
버스 정거장으로 마중을 나와
내 가방도 들어다 주고
문구점에서 볼펜도
한 자루씩 사 주기도 했다

훈훈한 커피잔을 내 쪽으로 밀어
뜨겁다면서 호호 불어주며
무척 아끼던 내 편
말하지 않아도 행복이 내 마음에
가득해진다

나는 참 복 많은 사람이다

봄을 기다리는 여자

분홍 빛깔이 잘 어울리는
여자가 있다

야무진 입술에 봄을 바르고
꽃잎 하나 물고 배양을 끝냈는지
온 산에 피어나고 있다

봄은 아름다움을 숨기지 않는다

빛깔의 유방을 빨아 먹었는지
꽃잎만을 따먹는
꽃새가 되어 날아다닌다

가슴에 숨긴
메아리가 울리는 듯
눈부시게 피었다 지는 꽃의
영혼이 봄바람이다

낮은 옥타브 온도에 미친
자유스런 사랑에 빠져버리는
봄을 기다리는 여자

어머니 1

가난한 박씨 집안에 시집을 와서
풀대죽 끓인 고생으로
살아오신 어머니
내 길 왠지 모르게
사막 끝자락처럼 닮았다
동생마저도 삶이 그저 그렇다

삭신 쑤시는 곳 부여잡으며
쇠약해진 어머니의
약지 손가락 반지 하나 끼지 못한
주름까지도 닮았다

살아 온 연륜의 세월이 너무 길다
한겨울 찬바람에도
꿋꿋이 인내하며
굽은 고목처럼 우둘투둘하게 패인
빈 껍질처럼
어머니 얼굴에는
고랑이 깊어만 간다

어머니 2

목소리가 힘이 하나도 없었다
가까이 보이는 하늘처럼
바다에 떠 있는 구름처럼
나도 이제 그렇구나

오늘은 장구 치는 목소리가
건강하다
내 이름을 덩덕궁 부른다
기분이 좋으시나 보다
정말 다행이다
어머니 목소리 듣기만 해도
바로 건강을
체크할 수 있었다

깨소금을 한 바가지 들어 붓는
느낌이다
어머니는 그 고소함처럼 웃으신다
육신이 정상이라서 고마워요
건강하시면 날마다
충분히 고소한 깨를 볶아드릴게요
어머니…….

어디서 만나랴

하늘에 구름이 지나고
바닷물은 깊은 곳으로 흐르는데
그는 이 땅에
씨줄과 날줄을 묶은 노가 없어
발붙일 곳이 없네

난 말이지
고운사람 밥 한 그릇
대접을 하면서
모든 사람에게 참사랑을
나누며

별에게 안부를 물어서라도
달에게 전화를 걸어서라도
두 팔을 활짝 펴 시선이 멈춰 선
내 그리움을
끝끝내 전해주고 싶다네

어머니의 봄

따뜻한 봄볕이 마당 그루터기에
가득 쌓일 때면
모퉁이에서 저 봄이에요
속삭이는 소리
긴 소매를 말아 올린 손으로
매일 아침 시간 어머니는
무쇠 아궁이에 불을 쓰담거린다

누군가 말을 전해 왔을 터인데
훔친 햇살을 머금으며 눈을
지그시 감는다

또다시
봄이 왔어요 하여 눈을 떠보니
높은 하늘에 떠 있는
푸른 구름이다
내 마음을 푸른 구름에 실어
두둥실 떠간다

햇살과 바람 그리고 꽃분홍

카디건을 추스르며
살포시 대문을 활짝 열었다
나의 봄아
오래오래 머물다 가려무나

이마에 양손을 가려
어둑거리는 해에게서
묵은 세월을 찾아보는지
어머니는 더욱 기운이 없어 보인다

사랑이라면

만약에
그것이 사랑이라면
구름처럼 둥둥 방방 떠돌면서
신나고 즐겁게 웃었겠지

하지만
약한 바람이 질투를 느끼기엔
너의 발목을 잡을 것이고
이것이
진정 사랑이라면
네 편 내편 가르지 말고
사랑할 일이다

천리향 만리향 풍기더라도
사랑만큼
진하게 풍길 수는 없다

누구에게나
실수하는 사랑도 있으므로
가까이 지내는

짙은 전염성 가식적 사랑은
독한 바이러스를 퍼트리기에
조심, 조심하기로 하자

인연

내 마음속에 늘 꺼지지 않는
소중한 사람이다

바람처럼 스쳐 가도 될 것을
그런 까닭으로
사랑을 시도해보자
소리 없이 살며시 스며들어 올까

그대여
그 자리에 항상 살아있기를
기도하면서
나와 인연을 위하여 마지막
열차처럼
창백해지는 차가운 열정의 등살을
떠밀지는 말아다오

2부
꽃길을 걸으며

개나리
그리움 1
그리움 2
등대
사랑은 너니까
목련
사랑의 한계점
쉰하고 네 번째 가을
다시 만나면
누룽지
행복
가을 적금
이별
그림을 쓰다
너는 알고 있겠지
네모 사랑

개나리

가느다란 줄기 옆에서
노오란 꽃잎 사랑을 하는지
꽃 피우려나
봄을 알려 주려나
봄에는 꽃들이 서로 먼저 피려고
질투를 해요

나란히
수정처럼 맑은 이슬에
세수를 하고
태양이 오르면 분단장을 하며
이 자리에 황금빛 꽃과
속눈썹 뽀얀 수술들이 있어
벌나비 어서 오세요
부담 없이 꼭 가벼운 발걸음으로
찾아오세요

*개나리 꽃말: 희망, 기대

그리움 1

나의 사랑 이야기 대체
어쩌자는 건가요
다 같이 걸어가자고 걸어보고도
싶었던 그 길
혼자 걷게 되었으니
보고 싶은 만큼은
또 미워질 수 있으니까

지나간 봄날처럼
나를 건드리지 말아 주세요
기대는 더욱 하지 마세요
그림자처럼 되살아나는
내 마음 한구석에 서성거리지 말고
이젠
이해 못할 짧았던 내 이야기들
낯선 노래가 된 채
꿋꿋이 비춰주는 별빛의 대화를
듣고 계셔요

그리움 2

가끔은
우리 만났던 그 장소에 갔습니다
생각은 나지 않지만 웃었던
기억이 남아 있네요
시도 아닌 시 낭송하면서
단둘이 너럭바위에 앉아
행복했었습니다

지금은
다른 행복으로 살고 있을 테지단
그 시절에는
손가락이 스치기만 해도 서로
눈을 바라보면서 웃고 말았지요

어제도 혼자 미소를 지으며
베고니아꽃 흠모하면서
돌아왔습니다

여기는 둘만이 사용하는 곳이니
다른 사랑은 금지구역입니다

방해는 금물이니
그리움이 피는 꽃을 보기만 하세요

*베고니아 꽃말:
- 핑크색: 사랑, 우아함
- 하얀색: 순수, 청순
- 빨간색: 열정, 사랑, 에너지
- 주황색: 기쁨, 즐거움
- 노란색: 밝고 활기찬 느낌을 준다, 행복과 희망

등대

깊은 바다에 파도가 높다
외로움이 더욱 깊어 파도가 되나

불 꺼진
등대를 향해 달려올 것 같은
짙푸른 파도야
너도 나에게 오거라
등불을 준비하는 등대지기처럼

갯바위 이마에
산산이 부서지는 파도를
한 가닥 등대 빛으로 잠재우리라

사랑은 너니까

말을 안 해도
약속 시간이 늦어도
눈시울 설핏 뜨거워져도
마타리꽃 피었다 지는
초가을 소리 듣는다

가고 싶지 않았다 또 하나의
외로움
너와 나 사이에
초가집 아궁이 군불처럼 뜨겁게
타고 있었다

햇살을 가려줄 챙 모자 쓰고
항상 같은 길을 걸어 대화를 하며
서로 손을 꼭 잡아 사랑을
속삭이는 너였으니까

*마타리꽃: 미인, 무한한 사랑
마타리꽃 꽃모양: 부채꼴 모양
마타리꽃 꽃색깔: 노랑
마타리꽃 꽃향기: 거의 없음

목련

봉우리가 언제 피었는지
겨울 빈 가지만 추위에 떨고 있다가
어느새 꽃이 만발했다

돌이켜 보면
내면에서부터 피어오른
소복 입은 아낙네 치맛자락이다

하늘을 향해 손을 저어 팔랑거리는
한 송이로 핀
내 어머니 얼굴이다

해질 무렵
내 신장보다
높은 곳에서 내 인생을 묻는
목련꽃이여
마음을 슬프게 하는 아련한
눈빛 안에

하늘 육신의 순백이다

*목련 꽃말: 고귀함, 숭고한 정신
 백(흰)목련 꽃말: 이루어질 수 없는 사랑
 자(자주)목련 꽃말: 믿음

사랑의 한계점

몸빛을 버린 나 뼈 중에 부러진 뼈
지난날의 진한 사랑
나의 철없는 고백이었나

이렇게 은근히 한 몸이 되었구나

달콤하게 흐르는
달빛 한 모금을 마셨던 그 날이었지
서로 좋았다고 핑계를 대면서
태양 빛 가득 담은 이슬 가득 부어
이젠
나도 조용히 살고 싶었다

노을은 구름의 귀를 잡아당기며
내려앉듯이
사랑하는 법 이제 알 것만 같다

쉰하고 네 번째 가을

그 여름도 뜨거웠다
괴로웠던 꿈을 벗어 버린 채
좁았던 나의 길
골짜기를 넘어오는 폭염의 여름
정말 뜨겁군요

아 벌써 가을이 오나 봐요
쉰하고 네 번째 가을
나에게 뜬금없이 묻습니다

내가 사랑하고 아팠던
수많은 사연들
오색으로 물들어 갈 텐데요
마음속
가장 깊은 곳에 단풍이 들고
시가 되어 남아 있겠지요

어쩌나
내 가을은 낡고 헤진 영혼만 남아
낙엽 끄트머리에서

누룽지

두들겨 오는 소리 창고 안에서
긴 잠에 빠져 있다
알알이 맺히어 한 해가 가도록
어슴푸레한 빛발을 먹으며
누렇게 고개를 숙여
온 몸 진한 물맛처럼 젖어든다

흰 속살 꽃이 드러나는 누드의 몸
이내 부끄럼도 없다
지긋이 눈꺼풀을 열고 밖을 보자
세상은 진풍경이다

발갛게 달궈진 밑바닥에 지금
드러누워 있다
강제적으로 지옥에 가두는 듯
진 눌림을 당하고
노릇노릇 지나간 원성들을
태우면서 구워진다

얇게 맺힌 수분이 마르자

둥글게 태어나 누른밥 되기 우해
뜨거움을 피부에 바르고
구수한 향기를 뿜어 버티며
내가 슬픔을 잊고 잘 살아왔을까

저 사람들 배를 채우는 일 따위에
희생정신 발휘하는 내 용기를
하찮게 생각할 사건인가

다시 만나면

잊어야 한다면
잊었다고 생각한다면
잊어야 살 수 있었다면
잊고 살았을 거지

우리 또 만났다면
두고두고 껴안고 흔들고 싶었다
내가 먼저
손을 내밀어야 할 때
때로는 두 눈에
눈물이 핑 돌 때가 있다

너만 있으면 잘 간직한
조각품이니까
너는
내 가슴속에 언제나 머물고 있다
오월에 쑥쑥 자란
매혹시킬 수 있는 꽃이었기에

행복

바람이 오롯이 분다
햇살이 따스하다는 걸 느낀다
행복을 알려고 하지 말자
내 마음속에
군림하고 있는 것을

쌀쌀할 때 깊은 밤의 고요처럼
포근하게 오는 행복

조용히 불을 끄고 누워
속삭이는 갈대소리 들려올 때
나의 행복은
가벼운 잠 속으로 푹 빠져든다

가을 적금

다람쥐가 도토리를 한입 가득
모으는데
엄마는 가을 배추를 심었다
손녀는 땅속에
잠자는 고구마를 보물처럼 꺼내듯이
힘껏 잡아 올린다

할아버지가 경운기를 끌고 오시는지
멀리 기계 소리 요란하다

가족들 모두
손을 높이 들고 할아버지를 부르며
웃음소리까지 겹친다

걱정 없는 농사일
가을 적금을 들어 이자까지 수확한다
날아가는 잠자리마저 덩달아
행복했던지 공중제비를 한다
나도 함께 춤을 춘다

이별

떠나는 것이 아니다
보내는 것이다

늘 함께 할 수가 없다

내 가슴에 추억의 나비로
접어둘 참이다

그리울 때
몰래 바람 앞에서
펼쳐 볼 일이다

그림을 쓰다

화선지 위에다 그림을 쓰다
파란 상상을 가득히 물감으로 묻혀
갈망의 이 날들
오른쪽에서 왼쪽으로
왼쪽에서 아래로 속삭이듯이
기우려 보기도 한다

침묵의 바탕에 하늘은
잠자고
추억을 쓴 노란 꽃 위로
햇살을 한 가닥씩 덧칠하면서
아래 아래로
검은 구름 위에 하얀 물방울이
수직 하강이다
공중에서 빈 수레바퀴 세상을 향해
아리따운 봄 그림이다

너는 알고 있겠지

다른 사람 아는 체 안 해도
상관없는 일
이제 유리잔 같은 너를 알았다
입으로는 안내자가 되었고 거동이
불일치한 행동이다
이내 가식으로 일하고 있을 테니까

아픔이 낳은 이 시간 익숙한 일들
그리고
나와 헤어져야 한다는 것을

아무런 이유 없이
해와 달이 머뭇거리고 뜨고 지는
의미도 없는
원망스러운 흐린 가을이다

네모 사랑

우리는 네모 공간에서
한 칸 두 칸 변의 길이만큼
착시현상으로
각 변의 길을 돌아서 걷다 보면
마지막
절벽 끝에 서 있다

서로 눈치 없는 행동이 상큼한
배란기가 오듯
네모 사랑의 합의가 있어야
꽃 등불을 켠다

너와 나
화려한 만찬의 시간이 도착한다면
네모 안의 진실한
사랑이 서로
청신호를 보내고 있다

3부
신바람

돌담집
마음의 눈
마주 잡은 손
별
백조 식당
보라색 원피스
수채화에 물들다
울타리 꽃
너에게
청소기
후회
홍삼과 꿀
여름산
너를 잊었다
흔적
가로등
가을 엽서

돌담집

돌담 옆에 도라지꽃 피어 있고
채송화 접시꽃 나비 벌
찾아와
춤사위를 벌인다

그리운 이에게 편지가 오면
느긋한 강아지는 하늘에 컹컹
이름을 불렀다

돌담집 딸
그 시절에는 유명한 딸이었다

모르는 이가 없을 정도로
말 좀 한다고 했는데

돌담집 딸 마음 정 하고
결혼한다니

온 동네 각 집 창문에 보름달
걸리도록
며칠 동안 잔치가 열렸다네

마음의 눈

참새 한 마리도 자기 새끼를
보호하고 지켜 준다는데
길냥이도
자기 새끼를 핥아 준다는데
사람들은 자신이 황망히 독한
황야를
홀로 걷고 있는지 모른다

폐쇄된 유리창 안에서
숨바꼭질하는 어리석은 자
단맛에 취해 보호자를 모르는 자
마음의 눈으로 요동치는
허상일지언정
더 높게 분리된 머리에 새겨지는
마음의 부리를 흔들며
이른 아침 어설픈 몸짓으로
세상살이 기도를 한다

마주 잡은 손

가족처럼 늘 함께 하고 있다
정원에는 화분 인형 꽃들
그리고 토분까지
작은 소품 주전자랑 나란히 열을 지어
고무신 두 개씩 펼쳐놓고
짝 맞추어 정원을 만들어 놓았다

혼자가 아니라 마주잡은
흙으로 빚은
손이랑 소품으로
내 마음까지 줄줄이 놓여 있다
나는
형이하학적인
예술을 사랑하고 있는 것일까

별

내 별
네 별
강가에 앉아 별을 센다

사랑을 위하여 기도를 하고
소원과 꿈을
서로에게 나누며

별들과 추억이 깃든
손수건을 바보처럼 흔들면서
행복을 찾아
떠나는 나의 마지막
이 순간들

백조 식당

퇴근 시간이면
주방에서는 달그락거린다
입맛 당기는 밥 냄새가 솔솔
도마 위에 칼 두드리는 신명 난
난타 소리
뮤지컬 경음악이 연주된다

냄비뚜껑은 뜨거움을 모른 채
안개 장단을 맞추어 간다

트롯트가 내 목을 빠져나와
뽕짝 뽕짜작
노래가 되어 식당 안 달리고

하루 종일 고단했던 저녁 시간에
단골손님 한 분이
식당 문을 열고 들어오면서
미소 짓는 얼굴이다

식탁에는 해, 달 그리고 별들이

차려져 있다
그는
음식이 싱겁다면 뽀뽀로 간을 치고
기가 막힌 맛이면 뽀뽀를 두 번씩
허겁지겁 먹는다

언제나 영업시간이 멈추고 나면
백조 식당 뒤 냉장고에는
숙성된 행복이 늘 수북하다

보라색 원피스

그리고 어느 날 많은
옷 들 중에
보라색 옷이 마음에 든다
생존의 싸움터에서
내 눈에 딱 크기도 기장도 원피스의
첫 주인이다
사실 난 나이는 들었지만
내가 원하고 바라고 기대하는
최고의 옷이다

그런데
점포 주인이 내 마음을 알아챘는지
높은 가격으로
나를 시험하고 있는 것이다

원피스를 멀리한 채
슬그머니 집으로 귀가하고 말았다
아쉬움을 뒤로하고 혼자 걸으면서
웅얼웅얼 거리며

나에게는 첫 마음 잊지 말자고
약속을 다짐하며
다음 쇼핑을 한다면
나를 좋은 곳에 데려가다오
보랏빛 원피스…….

수채화에 물들다

비 내리는 퇴근길에
나는 검정 비닐우산도 없이
하늘만 보다가
갑자기 먹구름이 몰려와
무채색 수채화를 그리고 있다

표현 방법이 특이하다
번지고 퍼지고 부서져 내리는
맑은 수채화 한 점
커피를 섞으니
갈색 바람이 내 영혼을 흔든다
신기루처럼 고요를 묻혀 내리는
완성된 수채화였다

또렷하다
무채색 공간 둘레에 희미한
고독처럼
나의 마음은
우울하게 자꾸 번져 가는데

서서히 생명을 잃어가고 있네요
언젠가 마지막 한 줄 쓰다만
가을 편지를 쓰겠습니다

울타리 꽃

오월이면 울타리에 장미들이
손님맞이를 먼저 한다고 서로
야단법석이다
밤사이 비를 맞고
더 아름답게 화장을 했나보다

처음처럼 커피 한 잔 마셔보자

내 손을 잡고 멀리에서 온
나그네를 위하여
울타리 너머 장미가 인사를 건넨다

꽃으로 덮인 늦봄 울타리에
전신을 떠는 장미 잎들 더욱 놀랐는지
핏덩이로 뚝뚝 떨어진다
밤은 이미 깊어지고 햇살 향기를
야하게 토해낸다

오늘 저녁 유난히 나긋나긋
기억의 향연을 베푸는 매력적인

밤이다
장미꽃처럼 내 꿈속에서
어떤 사랑이
흰 구름과 덧없이 흘러만 간다

너에게

너무나 오랫동안
고마운 이야기를 하자
너에게서
멀어지며 잊혀져 가는 추억들
이야기할 수 있어 좋다

수줍은 아이처럼
천 가닥 실올을 풀어 가듯이
좋아만 했던 너를 향한
미움도
덧없는 언덕에 씻기어간다

그리워하던 너
그리워해야 할 기억의
정원에서
아직 지치지 않을 인생의
많은 밤을 새웠던
너는 나에게
새롭게 빛나는 청춘이었다는 것을

청소기

저장된 소리가 나면
더러운 바닥에 먼지가 낀
허기진 것들
혼자서 깨끗이 치우는
시간이다

부드러운 소리와 스멀거리던
먼지를 마신 뒤엔
꽃향기 뿌린 집안이 된다

청소는 늘 하지만 결박당한
사람처럼
얽매어있기 마련

내 마음도 청소를 한 번쯤 해야
되지 않을까
불안하다 침식된 사랑마저
온도를 잃고
떠나가 버릴지 걱정이다

후회

누구나 외롭고 쓸쓸한 삶은 있다
어느새
반백 년 세월이 지나고 보니
눈물로 길 없는 나의 인생 둘레를
그리고
절벽 언저리를 걸었다
이제껏
싸움 한 번 못하고 고집도 없는
그저
천상의 여인으로 살아왔다

그러나
고단함이 담벼락처럼 높았고
화려한 생각은 아니지만
이 씨를 잘 못 만나서
속으로 눈물을 삭여야만 했다

지금껏 살면서
이 씨는 낡은 나뭇잎 떨쳐 내리듯
이 씨를 삭제합니다

가볍게 패스를 하겠지만
이제는 짧고
화려한 내 꿈에 잠기며 살 것이다

홍삼과 꿀

땅속에서도
뜨거운 햇빛을 음미하면서
충분한 시간을 다채롭게 머금고
5년을 참아내는
비와 눈보라를 견뎌내면서
구중구포의 고행길
골바람을 마시고 뱉어내기를
수 시간을 견디어
뽀얀 속살 수분을 줄여 든든한
면역 홍삼이 된다

꿀이 주는 보약 시간에 쫓겨가면서
벌들이 먼 꽃을 찾아
몸에 지녀온 보약 꿀이다
달콤하고 끈끈한
최상의 꿀맛 목 안이 부드럽다

건강에도 좋은 홍삼
건강에도 좋은 꿀
너무 좋아 먹고 난 후 뒤척이는
불면의 밤이 올까 두렵기도 하다

여름산

매미는 왜 저렇게 울고 있나
폭염 여름과 비슷한
상처가
울음을 터트리고 있을 것이다

파란 나무와
태양의 빛 사이에서
빛바랜 날개 황급히 접어
본능적 태도에 인연 하나쯤 품고
꿈틀거릴 때 울고 있지 않나

배롱나무 분홍, 흰 꽃이
바람 가마 타고 시집가는데
다람쥐 도토리 예물을
여러 갈래로 물어
제자리를 돌며 춤을 춘다

여름산은
촘촘하게 짜인 흉내낼 수 없는
환상의 곡조를 만들고
땅거미 지는데 반딧불 반짝이는
여름 음악회가 시작된다

너를 잊었다

밤을 새우며
그토록 지우고 싶었다
새벽이 오기 전에
잊으려 한다 해도 그냥
버리고 싶었다
비가 내리는 것도
기억하지 않으련다

끄덕끄덕 사랑한다고
쓰다가 지우고
너의 매력을 전하고 싶은 말
밤의 불안은 아주 없을 것이다

내 곁에 나타나지 마라
유감이지만 소리치지 마라
네가 나에게 한결 바라보지도 마라

오래된 혹처럼 매달린 과일처럼
웃음으로 답하고 싶었다만
삭아버린 낡은

옷가지들 먼지를 털 듯
조금씩 작은
상처마저도 품지 않으려고
너를 결코 잊었다

흔적

상처받는다고 실망만은
거둬라
아픈 마음의 깊은 상처를
슬픔이 파고들기 전에
낙엽이 가을을 떨쳐내듯
지워버려라

가능성으로 맞닿는 걸어가는
길마다
운명적인 조각배를 타는
내 표정들이
아득하던 먼 향기로 피는
오늘
새로움 다시 바꿔가면서
영원을 향해 살아가는 것

가로등

비가 내리는 날
가로등은 이별을 준비하기 위해
울고 있나
만남을 약속하기에
가로등은 어둠 속에서 빛으로
노래하다

변함없이 어둠을 누군가에게
기다림으로 알려 주는 가로등이다
자정의 시간에 옷자락 잡아끌며
가로등 아래
뽀뽀를 즐기는 남과여

천둥은 날카롭게 비웃음을 즐긴다
쿵 콰가꽝~~
가로등이 제 눈을 가리고 싶은지
빛이 정열을 잃는다

가을 엽서

가을을 바라보고 있다
이삭 몇 알
손바닥에 놓아 세고 있다

비움과 채움이 내 사랑의
알곡 엽서인 것을

벼 껍데기를 바람에
날려 보내면서
끝없이 닿지 않은 곳으로 가리라

그리고 머물지 않으리라

내 사랑을 잊지 말아다오
잊지 않는 한
다시 가벼운 사랑이 되어
되돌아올 것이다

그리운 너에게
가을 엽서를 보낸다

4부
고백의 편지

꽃바람
날고 싶다
눈물
다시 찾은 진주 반지
비 오는 날
수술실 앞에서
모닥불 피워놓고
영혼을 깨우는 사람
꽃잎에 편지를 쓰다
이별하는 밤에
진주반지 친구들 1
진주반지 친구들 2
축구
좋은 남자
응급실
친구
새벽에

꽃바람

아프면 바람으로 살자 하던 너
사랑을 하면서
죽음의 궤적을 당기며
꽃바람으로 살아야겠다

행복하기에 하늘을 찌를 듯
그의 이름을 부르며
힘이 들 때면 뭉게구름 떠가는
시절로 돌아가 살자

나의 의지 앞에서 너무 섬세하여
지울 수 없는
저릿저릿한 그림자를 만들어
미소를 지으며 살아가야겠다

날고 싶다

새처럼 날고 싶다
나비처럼 공중을 비행하고 싶다
바람을 모아 풍선처럼 날아
파란 하늘에 한 점 구름 위에 앉아
세상을 바라보고 싶다

구름이 내게 주소를 묻는다
주소가 있어야 구름이 될 수 있다
마찬가지로
자유롭게 여행을 즐기는
바람이 되는 길
어두운 내 안에 떠밀려오는
이 따스함
시간의 무게를 두 손에 가득히 쥐고
아,
나는 가벼이 날고 싶다

눈물

울컥하는 마음에 눈물이
주르륵
돌멩이 하나 쿵 하더니만
가슴은 파문이 일고

험한 바위틈 흐르는 석간수에
잔을 높이 드는 순간
모든 것을 보상받을 것이다

은방울을 흘려보내고
금방울은 소리 없이 줍는다

다시 찾은 진주 반지

믿었던 너희들
언제 잊었는지 모를 일이다
지금 어디에 살고 있나
서로의 삶이 힘들고 고달프지만
잠시라도 내게 돌아와 다오
손가락에 낀 행복 반지를 만져 본다

가을이 헛되지 않게 오색으로
물들이고
사랑하는 법과 사랑받을
모든 벗에게
진주 반지 끼어 얼싸안으며
다시 만나자

삶에 지쳐 아픔이 허기지지만
서로를 일으켜 세우기를
우리의 몸이 낙엽처럼 떨어질 때까지
지리산에 오를 그날까지
한줄기 마음을 모아 가자꾸나

비 오는 날

비 내리는 날이면
그리움, 애달픔 비에 젖습니다

가슴 깊이 묻었던 옛 핑크빛
무엇처럼 빛바랜
그리움 한 편을 꺼내어 봅니다

희미하게 스쳐 가는 얼굴이 있습니다

백사장 모래가 세찬 파도를
받아 주듯
나는 당신을 선택하였습니다

당신의 괴로움도
가녀린 붓끝에 먹물을 묻혀
더 좋아질 것 같은
예감으로
당신의 흔들리는 숨소리와
인연이란 것도
비 내리는 공간으로 수묵화에

가득히 사랑의 공간을
그려보고 싶습니다

수술실 앞에서

수술실 앞 모니터
버들 마편초 군락처럼
그리고
아빠, 엄마 이름이 오르고 있네요
나는 대기실 앞에서
가장 어려운 진료에 대해
간절하게 기도를 올립니다

엄마 아빠는 지금
잠시 최상의 치료를 위해
누워 있어요
불안하고 초조해지는 강한 부딪힘의
터널 속을
헤매고 있는 중일까요

따뜻한 햇살이 두고 보란 듯
기쁜 행복이
우리에게 꼭 찾아오리라
믿고 싶습니다

우리 가족 모두 하나님을 믿으며
동행하고 계시니
놀라시지는 결코 않을 겁니다
두 손 모아 기도합니다
제발 살려주세요
비밀 약속을 해본다

*버들 마편초 꽃말 : 당신의 선망이 이루어지길
 보라색 꽃, 다년생 식물

모닥불 피워놓고

스물셋 젊었던 청춘에는
텐트 여행을 즐겼던 기억이 난다
모닥불에 나무들
비명을 지른 듯 피워놓고
기타 하나 들고 유명가수
흉내를 내었다

밤하늘에 정열이 폭발하는
별을 보며
우리 서로 얼굴을 바라보면서
노래를 불렀었지
박수치며 밤새 이야기를 나누고
소주 한 잔에 얼굴은
모닥불과 동등한 불을 뿜어내고
있는 거였지

그때 그 시절이 그립다

찌든 지금의 삶에서
그 추억들 내 삶의 윤활유가 되어
하루쯤 촉촉이 적셔주고 있다

영혼을 깨우는 사람

하늘 향해 양팔 벌려
가슴에 박힌 한을 꺼내고 꺼내어
바람에 날리고 싶다

불행은 멀리 바다로 보내야 한다
행복은 반석 위에 곧추세워 놓고
모래알처럼 편견을 가진
숱한 사연들
파도가 지워주면 정말 좋겠다

네잎 클로버를 목에 걸어 행운이
마치 승리에 찬 것처럼

꽃잎에 편지를 쓰다

오로지 당신만을 위하여
내 가슴속 남아 있던
위대한 파란 꿈을 키우면서
살아왔어요

분홍빛 설렘 눈물지으며
사랑 꽃 되려고
먼 산과 들판을 지나
나비에게도 눈길 한 번 주지 않는
꿀벌이 자유롭게 드나들지요
내게 고개를 숙이면서

일출이 수평선으로
고개를 내밀 때를 기다려
나의 마음 꽃바람처럼 불어댔지요

외로워하는 큐피드에게 활시위를 놓아
꽃잎에 쓴 편지를 띄워 봅니다
에로스여 사랑합니다

이별하는 밤에

달빛이 사선으로 환하게 비추는 밤이다
새벽 별들마저
마지막 빛을 발하고 있다

이제 이별을 두고 잠시 뒤를 바라본다
한없이 울고 울었던
심장 멎을 듯 그런 밤에
서로 간에 한마디 말이 없었다

당신과 매일 약속을 지켜 주지 못해
미안해요
정신적 건강 육신보다 감정적인 것들
참고 견딤이 더 중요해요

아무것도 할 줄 모르는 저 역시
다시 일어날 수 없는
이별을 겪어
은근히 그 이별이 두렵습니다

진주반지 친구들 1

친구야
빛바랜 졸업 앨범을 펴 보다가
단발머리에 초롱거리는 눈망울
촌스러운 어리던 그 모습
서로 깔깔대곤 하였지

밤 늦은 자율 학습에도
선생님 눈을 피하여 운동장
구석진 곳에서
용필이 오빠 선희 언니 노래를 듣고
부르면서
형제보다 더 가까웠던 시절이었지

아 옛날이여 밤하늘 올려다보며
별을 세던 친구들
지금 어디에서 진줏빛 얼굴로
살고 있는지
그때보다 고운
모습을 더욱 보고 싶다

진주반지 친구들 2

그리움이 흰 구름이라면
당장 너희들에게 떠나고 싶다

사랑이 강물이라면
너희들에게 굽이굽이
흘러가고 싶다

모든 시작이 과거의 꽃이라면
너희들에게 그윽한 향기를
선물해주고 싶다
살아있을 때 우리 한번 다시
꼭 만나야 한다

축구

선과 선 사이
작은 공 하나가 잔디 위에
멈춰 있다
서로 공을 반대편으로
넣으려고
상대 선수에게 태클을 건다
패스도 하고 다시 태클도 하면서
몸과 몸이 부딪히면서
서로가 언쟁도 자주 일어난다

땀방울과 땀방울이 흠뻑 젖어
달릴 즈음
내가 골을 넣은 기쁨이다
하늘을 찌른
기분인지 뛰쳐나가고 싶다

나는 마음에 두고 싶은 상처들을
지워버리고
어둠이 없는 참사랑 골 하나를
반드시 넣으리라

좋은 남자

삼십 년 넘게 그와 살았다
영원한 내 편이다

가끔 토라져 얄미워 하였지만
심성이 너무 좋은
내 남자다

지금까지 삶의 노리개 속에서
살아야 했었지만
선택 중에 기념비를
세울 만큼
완성된 예술작품이었다

서로에게 지평선으로 떠나듯
자유스럽고
서로에게 항상 귀 기울여
삶에 대해 항상 미소와 사랑을
염두 해 두는 것
목표는 필연코 서로 다르기에
시간을 서로 조금씩 나누는
좋은 남자

응급실

갑자기 쓰러지고 눈 떠보니
어느 병원
응급실에 있으면 알 것 같다

삶과 죽음들이
노크를 즐기는 곳이다
부끄럽지 않을 죽음도
가끔 혼자서 꺼내야 한다

때로는
오늘이 마지막처럼
부서진 모서리를 내밀 때도 있지
상처들이 낯설고
겁쟁이가 되지 말아야 한다

내 건강에 대해
실패의 원인은 어디 있을까
신의 빠른 손길이 만지작거리는
이 순간들
내가 가장 좋아하는 물건들을

옆에 두고
더 많은 시를 외우면 좋겠다

친구

옛날 생각이 나는구나
너와 내가
희열의 잔물결이 흘러가는
거기 그곳
얽힌 우정 상처 하나 없이
돌멩이에 우정이라고
쓰면서
고개 숙이고 했었지

그 순간이 영원하기를 그리고
변함없기를 바랐잖아

소중한 친구야
어디에서 살고 있는 거야

외로움 젖은 이 저녁
신의 의지로 사귄 우리 사이
그리운 내 친구야

새벽에

모두가 잠든 새벽
늘 그 시간에 교회를 가신다
오늘도
기도가 길어지는 걸까

여명이 오기 전에
기도에 적중된 것인지 별 하나가
꽃이 되어 떨어진다

상처를 치유하기 위해
소망의 세월
평생 기도만 하고 살아오셨는데
그러다가
가벼워지는 이 새벽마다
간절한 기도 속에 피어오르는
생채기 없는
영혼의 드맑음이다

지친 영혼 힘없이 아무것도 얻지
못할 때면
기도로 모든 것을 바치시리라

5부
나무처럼

그 눈빛
그 기억들
그늘 아래
나를 위한 시
낮달이라 하자
나팔꽃
빗소리
배신자
나무처럼
세월
저 산 너머에는
피자 한 판
하늘
항아리
내 마음
나의 자존감
늦장미

그 눈빛

어젯밤 길 건너는 사이
그런 눈동자들이 누군가를
생각하면서
무거운 발걸음을 옮겨본다

그 옛날 터덕거리며 걸어가던
길 가양자리에
질퍽하게 쓰러진 무더기 별빛들
꽃이 되어 있었는지
나를 울려버린 꽃망울과
그 눈빛들을
저녁노을에서도 보았다

별을 헤아리다 보면
어둠이 빛을 지우려 애쓰던
흔적들 가득 차고
유성이 되어 흩어지고 있다

그리워하던 내 행복
눈빛처럼 쏟아지는 것 같아

알 수 있었을까
밤낮의 심장을 확대시키는 일인가

그 기억들

지독히도 몸서리치는
지난 기억들
사랑이 뜨거워서 견딜 수 없다

세월의 뒷산 바위를 녹인
바람꼭지 아래에서
옷고름을 풀어 버렸으나
왕거미줄 친
그늘을 찾아 수해 년 키워놓은
내 밥그릇들이다

가슴에 불을 지핀 넉넉한 웃음 짓는
그리움은 사랑의 불길 되어
나의 마음을 항상
불태우고 있다

그늘 아래

나무 그늘 아래
풀잎도 나도 바람을 베개처럼
베고 누웠다
꽃향기는 어디서 날아왔는지
멍든 밤이 지나간 뒤
높은 하늘 지붕 삼아
구름집 만들고
피었다 지는 꽃잎을 깔아
이불을 삼았다

이름 모를 새소리가
잠꼬대로 들린다
저 멀리 아기는 아장아장 걷다가
넘어진다
기억에도 없는 속박에서 벗어난
내 모습이다
나이가 더 들기 전에
그늘 아래를 더욱 염두 해
두어야겠다
이 순간에도 나의 생존의
외침 소리 결코 그침이 없다

나를 위한 시

영혼의 부재 속에 나는
시를 쓴다
응급실 의자에 앉아 삶의
조각들을 맞추는
언어의 초원을 걸으며

환자의 아우성도 시가 되는지
무심코 시를 생각하다가
나도 모르게 정색을 하고

주삿바늘에 의존하는 시
수첩에다 이동침대 발자국소리
모든 움직이는 것들
심장이 두근거린 시를 적는다

나를 위해 밀려오는 민낯의 하루
엉망으로 흩어졌을 때도
간절히 한 번쯤 묻는다

낮달이라 하자

땅거미가 어두워지려면 한 참 남았지만
낮에 나온 쪽진 달
원체 급했던지
한쪽 몸뚱이 어디에다 내던지고
날선 몸으로 떠 있을까

낮달은 할 일 남아 있어 부지런히
나오는가 보다
나도 너처럼 부지런하다

길에서 만나 동행이 되어준
하얀 달과
귀가를 서둘렀으면 좋겠다

낮 동안 외로움에 지쳤나 보다
하늘 창가에 떠서
내가 숨을 들이마시면
낮달의 정기를 소유하는 이 순간이다
허황된 기쁨에 손을 흔드는 것
얼마나 헛된 일인가

나팔꽃

겨울 지나간 뒤에
시나브로 잠에서 일어나 돌담을
기어오르고 있다
허리의 가속도는 무력하였지만
장엄하게 올라 뻗는 꽃이다

하루에도 몇 번씩 몇 송이가
피었을까
손가락 세어가면서
댕기머리 끄덕거리곤 했지

햇살이 객기를 부리거나
보이지 않을 잔잔한 밤이면
더듬더듬
녹색 빛 촉수들을
어둠 속 기둥 사이에 시선을
감아쥐다

*나팔꽃 꽃말: 기쁜 소식

빗소리

아이가 우산을 놓고 내려갔다
지금은
실컷 내리고 흘렀으니
목가적인 숲으로 돌아가다오

전신이 모두 쏟아져 내린 듯
너의 음악 소리는
바다를 건너려고 태풍의
진로를 따라
나래를 펴는 소리다

잠시 쉬었다 가자꾸나
거친 세상 지나치는 길이라면
숨이 막히는 공백의 삶을 위하여
더 소중함을 얻기 위하여
슬픔에 종종 부딪혀 비는 내린다

배신자

슬픔이 먼 거리를 돌고
돌아서 왔나 보다
내 앞에서는 칭찬을 해주고
웃고 착하다 잘한다
효녀다
책임감이 강하다 하면서
비밀을 나누면서 밥을 먹는다

모든 사람이 비방을 하여도
손을 맞잡고 세월도 함께 부여잡아
여름이 여섯 번째 오던 해
이별을 결정해야 했다
헤어져 있음으로
내가 살 수 있으니까

슬프게 비난을 받아도 더 이상
듣지 않아야겠다
잔뜩 움츠려 다투어가는
이들에게
욕망을 쫓는 이들에게

이쯤에서
내 눈에는 이제야 가시처럼
보이는 걸까

두 눈을 감고
여행 목적지를 생각해 내며
모서리가 잘린 둥근 빵집에서
진정하게
허심탄회하게 대화를 나누자

나무처럼

어릴 적 가끔 나무에 기대어
울기도 했고
벽에 등을 기대어 말뚝 박기
가위바위보 놀이를 즐겨 하였다
두 눈을 팔뚝에 숨겨 숨바꼭질을 하던
기억들이 생생하다

느티나무는 송두리째 뽑힐지언정
늘 내 친구였다
쉰이 되어 느티나무를 찾았지만
나무는 오랜 세월을 견디며
거기 서 있었다

절망적 인생을 기다리는
이 나이에
갑자기 나는 나무가 되고 싶었다
한줄기 생존의 빛 찾기 위해
애타던 날에

성숙해졌구나 나무야 나를

기억해둬
찬바람에 얼어붙은 고드름이 녹는
새봄이 오면 다시 찾아올게

세월

달빛에 설익은 거실 가운데
검정과 빨강 숫자들이 사는 실내다

커다랗게 터줏대감 격인
달력이 걸려 있다
계약기간이 아직도 한 달이 남았는데
방 빼라고 누군가 건네준
새 달력이 성큼성큼 다가와 있다

뒤로 미룰 수도 없고
앞설 수 없이 공생하는 세월인가
이 세상에
영원히 함께할 터줏대감
만물을 품에 안고
시간의 바다 위를 교차 하듯이
새로 들어온 달력은
삶의 무게가 걸린 사방 벽 중앙
못자리를 기다리고 있다

저 산 너머에는

저 산 너머에 나는
살고 있었지
외딴집에서 강아지 나무도
살고 있었지
동화집 호랑이가
얼룩 머리를 산발한 채 산다고
그랬으니까

저 산 너머 바람이 살고
흰 구름도 산다고 했었지
노을 지는 시간에 산비둘기 날아
노루들도 가슴 철렁 내려앉는
밤에

산언덕 끝에 등댓불이 꺼지면
나는 이곳으로 돌아와
바닷길 밝히는 등대지기 되고 싶다

피자 한 판

동그라미 속에 또 무엇을 넣었는지
비비고 문지르고 부푼 구름을 첨가해서
피자가 탄생하는 걸까

삼색 무지개를 화덕에 굽는다
온 육신에 불 온도가
피부를 벌리며
단순한 진리들이 부어오르는 게 아니라
둥글고 붉은 연둣빛 영혼이
시간의 종을 울리며 익어가고 있다

두려울 존재는 없다
뜨거운 불맛을 체험한 뒤로
깨물어 먹든지 잘라 먹든지
통 채로 씹든지
어차피 나는 피자다운 피자이니까

입 크게 벌린 화덕 아궁이에서
쫄깃거리는 피자
먹고 싶은 이들 위해
화려함을 유린하듯 힘이 넘친다

하늘

하늘에 무엇이 존재하고 있을까
하늘에 창문은 닫혀 있는 걸까

별들과 신비한 꿈을 꾼다고
비웃지는 않을 것이다

꿈속의 하늘 유일하게 높은 곳
물 한 모금 마시다가
또 하늘을
병아리 마냥 바라본다

수많은 우주에다
내 꿈의 지도를 펴본다
하늘 어느 곳에 단단한
밧줄을 걸고
레이저 다리를 건너가며
내가 존재하고 있다는 것을

항아리

둥근 연갈색 드레스를 입은
몇 개의 항아리
어머니의 한을 닦는다

뒤뜰에 거꾸로 서 있는
옛 항아리들
봉숭아 꽃잎 피우려고
저렇게
몸짓 들을 서둘렀나 보다

배부른 항아리들
그 길이 운명적이었나
바람의 장난으로 발목 잡힌
고추잠자리
긴 시간 한숨을 고르고 있네

내 마음

다른 사춘기를 앓고 있다
갑자기 웃어 보이고 싶다 행복하다고 할까

가출을 시도한 채 머리에서 가슴으로
가슴에서 머리로 생채기로 늘 아프다

또 얼마나
세상에 앙탈을 부려야 사랑받고
너에게도 주고 싶어 열린 마음으로 변할까

구부러진 채 흘러내린 내 마음
이제는 쉰이 넘을 차례다
긴 터널 깊은 곳으로 자꾸 숨어들고 있다

나의 자존감

내면에 지닌 힘찬 자존감을 높여
상대를 먼저 존중하리라

바른 삶이 발꿈치를 세우고
주위를 맴돌게 하면
밤을 새우며 독서하다 보면
여명이 밝아 온다

거울 속의
나를 바라보고 깊이 생각한다
인내를 가까이 두고
쓸모없는 감정들 늘 멀리하면서
부정을 내다 버려
뿌옇게 보이는 순간이 지나간다

늦장미

담장 사이로 장미가
짙게 바른 빨간 립스틱 바르고
내 입술처럼
호젓이 꽃을 피우는구나

내게 무슨 말 전하려는지
이슬비에 조잘거리고
외로움을 눈빛에 적신 채 서 있는
꽃이었기에
고혹으로 활짝 웃고만 있다

핏빛 멍울이 떨어지는 걸
아쉬워하면서
붉은 가슴앓이 파편만 흩어진 채
어디로 쓸려가고 있나
낯선 바람이 빈자리를 채운다

6부
선인장

갑과 을은 떠나도 좋다

꿈속에서 1

꿈속에서 2

그 얼굴

마녀 할머니

너는 배신자

오이씨

너는 맞았고 나는 다르다

더 진한 거짓말

가면 속에서

이 세상

지금 사는지

태풍

23년 5월에

가면

신호등

세탁기

도서관 안쪽

의심

갑과 을은 떠나도 좋다

나에게 멘토도 선배도 후배도
스승도 없다
나는 늘 살얼음 위를 걸으면서
여기까지 살아왔다
벙어리처럼
입은 먹을 때만 들먹거려라
말 못하고 말귀를 못 알아듣지만
자세하게 보면 보이는 것들

시간이 걸리겠지만
그러나
나는 거짓말 할 줄 모르는
어영부영도 할 수 없는 바보천치다
선물더미도 아닌 내용물이 없는
빈 상자다

밥값은커녕 쓴 커피 한 잔 값마저
지출하지 못하는 갑이
아닌 너를
을이 아닌 나를 어쩐 일인지
수직과 수평으로 긴 선을 그어 놓는다

꿈속에서 1

더러운 시궁창 물이 허벅지까지
차올랐다
무섭고 충동적이진 않았지만
물이 왜 이리 더러울까
말을 걸자
쏴아악 순간적으로 막혔던
바닥 구멍 밖으로 빠져나가는
썩은 물이다

어찌 이럴 수 있을까
내 손에는 길고 짧은 것들
미꾸라지 몇 마리를 쥐어 들어
작은 소쿠리에 건져 놓았다
꿈속에서 파안대소 하다

꿈속에서 2

꿈에 나타난 적이 한 번도 없었다
이 씨 머리를 잡고
내가 시멘트 바닥에 내리치고
구겨 신고 다니는 운동화로
헛바닥과 주둥이를
누르고 비비고
싸움에서 이기는 듯했다

꿈속인데도 얼마나 기분이 좋았는지
꿈에서 깨어난 내가 처음으로
로또복권을 샀다

인정 많은 사람만이 느끼는 삶의
질곡에서
뜨거운 영혼의 아픔 같은
타액선에서 질질 흘리는 개꿈이었다

그 얼굴

맹세코 말하지만 가면을 쓴
그런 얼굴을 본다
이제야 알게 된 사실이지만
무심코 지나친
이마 없는 얼굴처럼
가끔씩 나에게 고통을 준다

다리에 철심을 박고
살아가야만 하는
그 얼굴
다가오는 걸음걸이에 두려움이
가득한 것 같다

장미 가시도 아니면서
호박꽃 잔가시도 아니면서
상처가 너무 깊어
필요한 만큼 의지로
지탱하는 척
꿈을 가진 하늘 독수리처럼
은근히 술에 취한 그를
지켜보고 있다

마녀 할머니

동화 속에는 아주 못생기고
욕심 많은 마녀
어린이들에게 온몸 소름이 돋는
무서운 마녀로 기억된다

기쁨은 사라지고 슬픔이 가득
하나 둘 역겨운 추억의 이야기들
고달픈 삶이다
비참하게 끝나는 가난하고 배고픈
너의 이야기들

이 지상에 모든 못된 것들
청춘의 깨어진 잔을 비워다오

착하게 살아야 복을 받는 것

부서진 밀랍에 새겨진 거짓말들
강물에 모두 던져버려라
밤하늘 무한 낙원에서 별무리는
빗장을 열어 빛나고 있네

너는 배신자

이 세상 끝까지 함께 하자더니
세월이란 강물이 막혀 또 멈추었나

변덕스러운 너는
첫 마음 무채색으로 변해가고
뻔뻔하게 죽어가는 기둥들
고통과 원망이 고개를 든다

옳은 알갱이를 위해서는 고개를 숙여
발버둥 치며
산으로 가는 배를 만들어 허공으로
노를 저어가던 일
혼자서는 이름 석 자도 못 쓰는 너
영원을 닮은 배신자다

너의 이름은 느닷없이
불속을 뛰어드는 야한 무늬 나방

오이씨

정직하지 않던 우는 자 앞에서
팔짱을 끼고
애써 웃음을 참는 자
말과 행동이 메마른 안개처럼
언제나 빨간 신호등을 걷는 자
너의 인생길 항시
깜박거리는 신호등이다

떡과 모주로 사람들의
입귀를 틀어막고
돈 한 푼 벌어보지 않은 자
사람들 모아 새 밥 주는 자
높은 의자 발목 잡아서
내 거라고 우기는 자
조선 팔도 다니면서
무더기표 사들이는 자
얇은 남편 지갑 열어 흥청망청 쓰는 자
손가락으로 지탄 받는 줄 모르고
대장 노릇에 앞장서는 자
진리가 뭔지 암흑에 갇혀

헤매고 있는 자

이제 그만 모든 것들 팽개쳐버리고
지혜로운 사막에서
자유스럽게 먹이를 찾는 여우처럼
불쑥 솟아 재빠른 걸음 걷는
일개미처럼 사람으로 태어나라

콩밭에서 콩 나고 오이 밭에
오이 나는 것
심은 대로 줄기를 뻗으리라
순간의 실수란 영원할 수 없는 것이다
머리에서부터 실핏줄을 타고
후회만이 남는 법이다

너는 맞았고 나는 다르다

언행일치가 다르고 이말
저 말 소문에
가장 공명이 잘되는 나팔수다

늘 맞는다고 거짓말을
주장하면서 너는
새벽 두 시에 잠긴 창고 안에서
혼자 행복을 두드려가며
입이 간질거리도록 사랑고백
늘어지게 펼쳐 놓았다

알아듣는 이가 없는 줄
알고 있지만
그 원한 그 한들을 어찌할 것이냐
너는 늘 맞았다고 둘러대지만
도랑물같이 성실치 못한 네 마음
낭떠러지에 버려야 한다

인생의 꿈을 포기하지 않았다면
보이지 않은 집념 그것이

익어갈 줄 모른 웃기는
현실주의 드라마다

더 진한 거짓말

초점 없는 눈동자에
마음이 싸늘하게 식어가는
순간이다
게으름을 피우는 손발
시퍼런 멍자욱 번지며 떼 지어
꽃수를 놓는다

꽃 속에 꽃이 만개하고 있듯
유일하게도 네 안에 내가
살아가고 있겠고
너 없는 손길과 눈물 꺼내 보이도록
생각해 본 적 없다

어리마리 만질 수도 없는 너를
아니 불현듯 볼 수도 없는
중요할수록 심심이 정보를 알려주는
네가 참 좋다

가면 속에서

앞뒤 생각 없는 사람 언행도
무지다
거짓말을 밥 먹듯 너무 잘
뱉고 삼키고 있다

화가 치밀어 어딘가로 사뭇
전화를 한다
선술집에 앉아 꼬부라진
혀끝으로 취한 술을 토해내던
그날
이방인처럼 기다리기에

삶의 질곡을 이야기하자
검은 가면은 나를 보고 벗어라
행복은 지나치면 결코
세상 속에 있는 것이 아니라
내 안에 눈물겨운
슬픔으로 머물고 있음을

이 세상

구피 물고기 두 마리 내 눈동자에
씨앗을 낳다
코와 입 하얀 천으로 가리고
손을 잡을 수 없는
미지의 세상이다

기침이라도 하면
뒷걸음치는 이런 세상에
시집가고 장가드는 결혼식
대만원이다

새 생명이 들다
이젠 고생하는 땡볕 내 이마에는
구슬땀이 대롱거려야 해

외길 인생
홍수와 태풍이 덤비는 양수 겹장
그리고 진퇴양난이다
그래도 이 세상 다행인지
포근한 함박눈이 내리려나 보다

지금 사는지

무엇인가를 생각해야 했다
그렇게 쓰려고
붓을 들고 그리려고 했다

가슴이 타들어간
그럼에도 불구하고 성공하리라
목말라 하는
토끼처럼 옹달샘 찾아 헤매리라

발버둥 치며 하늘 올려다
볼 적마다
아쉬운 마음으로 채워가는
욕망의 깊고 맑은 강물의
발원지

한 번도 즐겁지만은 않았다
혀를 깨물고
울부짖는 산모처럼 고통을 느낀다

태풍

비바람 불어온다 해서
와, 너무 큰 진짜 일급 태풍이다

작은 물길로는 망하지는 않는 법
미움도 시기도
질투도 바람 줄에 매단 채
원망들 모두 태풍이
몰아가 주었으면 좋겠다

사랑, 행복, 온유와 절제
가짜 태풍에 달콤하게 휩쓸려 와서
이 여름날에 기도합니다
영광의 꽃밭으로 인도 하소서

23년 5월에

사람이 아픈 사람처럼 간사한 것을
그만 퇴직하라고 했네요
카톡으로
전화 통화로 인사까지 하고 가셨다
그러나
사과를 하고 난 뒤 다시 들어와
불의에다 손잡고 거짓말하고
드디어 그들은 메마른 산으로 가는
배를 타고 말았다

남편 몰래 반찬 해서 보내고 하였었다.
돈 한 푼 수입도 없으면서
플라스틱 카드 척척 박박 긁어서
밥 사고 술 사면서까지
떡과 모주로 입틀막을 한다

조선 팔도 여행을 숨김없이 나다니고
보이지 않을 숨바꼭질 자진놀이에
권리주장을
비장한 각오로 철저하게 삶의 구렁텅이를
꼬깃꼬깃 담아 잘 살기를…….

가면

너의 인생길에도
온종일 비구름이 끼어 있었을 거야
앞뒤 좌우도 없이
네 몸과 마음 이미 고장이 났었기에
일거수일투족 보일 수 없는
메아리가 되어
천둥 번개가 될 수밖에 없었을 거다

시기하지 마라
새로 뜨는 계절의 알몸을
비껴간 것은
비록 내 자리를 탐내어
역적모의 하였기에
네가 쓰던 가면을 내게
보내는 일
무슨 일 하나 할 수 없어
내가 대신 가면 쓰는 일

너의 얼굴이 보고 싶다
표딱지만 한 가면을 둘러 쓴

네 영혼
틈새가 난 그 속살
찬바람 속에 날아온 어린 새처럼
가녀린 몸을
바르르 떨고 있구나

신호등

한자리에서만 맴돌고 있는
빨강 초록은 단짝 친구

내가 살아가는 길목마다 죽음이
웅크리고 손을 내밀고 있다

때론
돌아가야 할 곳
아닌 곳으로 건너가려다
죽음을
맞이하기도 한다

이 도시는 매연과 미세먼지를
왕관처럼 머리에 쓰고
횡단보도를 건너
눈을 감는 지옥의 도시일까

전주역 마중 길에
미선나무 꽃이 활짝 그전처럼
피었다

자주 걷는 신호등 앞에서
오랫동안
화살표 방향으로 품고 있는
하루가 시들해진다
느린 시간 불안에 무릎을 떨며
사람들이
어둠 속으로 줄달음질 친다.

*미선나무 꽃: 아름다운 부채라는 뜻
　　　　　열매의 모양이 둥근 부채를 닮았다.

세탁기

몸치장한 뒤에
더러운 옷가지 세탁을 한다
돌리고 돌리다 보면
새 옷으로 고백이 끝나는
시간이 된다

나쁜 사람들
사람을 세탁기에 돌렸다고
가정을 하자
어리석음의 광기로부터
저 혼자 돌고 돌아 어디선가
나쁜 잡초
인간이라는 소리

배려라는 덕목 없이 무지로부터
기회를 잘 포착하는 사람
세탁기에 넣어 늘 밟아야 될
사람들이 있다

도서관 안쪽

숨소리 멎었다
책 표지의 목구멍 넘기는 소리마저
정지되어 있다
자음과 모음 결혼식을 올리며 걷는
고요처럼
첫 어둠이 내리는 행진을 시작한다

비어있는
내 영혼의 구석에 언어들을 채워본다

나를 비워 상념에 맴도는 언어들
삼각형으로 쌓이는 언어들

조용히 쏟아지는 언어의 반란이다

의심

네가 나라면 절대로
무심하지는 않을 것이다
내가 너의 심정을 미리 알았던 들
홀로 서 있지는 않을 것이다

아픔으로 인하여
홀로 용기가 없는 걸까
이유 없이 글 쓰는 일로
이제야
낡은 삶의 공간을 살아가면서
너를 결단코
의심하지는 않겠다

평설

| 평설 |

내면의 참모습을 진솔하게 토로하여 '진실 제시' 기능을 수행하는 작품들

호병탁(시인·문학평론가)

1.

출판사에서 시집 해설의 청탁과 함께 원고를 받았을 때, 막상 시인 개인에 대해서는 아무런 정보를 얻지 못하는 경우도 많다. 이번에도 시인의 성함이 '박미혜'라는 것, 따라서 이분이 '여성'일 것이라는 정보 외에는 아무것도 모르는 상태로 원고를 받았다. 그러나 차분히 작품을 독서하며 나는 시인이 어떤 사람이며 어떤 생각을 가지고 있는지 절로 잘 알게 되었다. 우선 시집의 첫 작품을 보며 논의를 계속하기로 하자.

여름 긴 꼬리 그 불길 가라앉으니
아직도 여름 어디로 가는지 모를 일이다
어린 보슬비가 내린다
숫처녀 가랑비가 하염없이 내릴 때면
가을이 오는 것인가

결국 가을이 문을 두드린다
망각을 깨우며 온다
가을비가 내리면 온몸을 세워 그 누구와
거닐고 싶다
동해바다
작은 섬이라도 다녀오고 싶다
백사장에 파도는 비를 피해
바다로 숨어들까

달랑게들 배를 채우기 위해 갯벌
동굴 입구에서
눈꺼풀이 벌렁거린다
지금도
긴 백사장 송림에 가을비 내리겠지

－「가을비」 전문

"여름 긴 꼬리 그 불길"이라는 표현이 감각적이고

신선하다. 때는 가을 초입인 것 같다. 아침저녁은 그래도 선선해져 "여름 긴 꼬리 그 불길"은 가라앉은 것 같지만 한낮은 여전히 푹푹 찐다. 정말 "아직도 여름 어디로 가고" 있는지 모를 지경이다. 확실히 금년의 더위는 폭서와 열대야의 기록까지 깰 정도로 맹렬했다. 그러나 계절의 순환과 이에 따른 섭리는 어쩔 수 없는 법, 이제 계절은 바뀌어 "가랑비가 하염없이" 내리고 있다. 그리고 시인은 내리는 비를 바라보며 정녕 "가을이 오는 것인가" 스스로 묻고 있다. 아주 감각적으로 묘사된 가을 초입의 정경 묘사다.

"결국 가을"은 "문을 두드"리며 "망각을 깨우며" 다가오고 있다. 갑자기 시인은 이처럼 "가을비가 내리면" "그 누구와/ 거닐고" 싶고, 그것도 "동해바다/ 작은 섬"에라도 가서 거닐고 싶다고 말한다. 자신의 희망을 숨김없이 발화하고 있는 것이다.

시인은 그곳 "작은 섬"을 가본 일이 있는 모양이다. 그곳 "백사장에 파도"를 기억하고, "갯벌/ 동굴 입구에서"는 "달랑게들 배를 채우기 위해" 눈꺼풀 벌렁거리는 것까지 기억한다. 백사장 뒤에는 긴 소나무 숲이 있었던 것 같다. 시인은 그 송림에도 "가을비 내리겠지" 회억하며 시를 마감한다.

내친김에 "가을비가 내리는 날"에 관한 시 한 편 더 보고 논의를 계속하기로 하자.

야무진 입술 사이로 죽음을 달리하는
단풍잎을 물었다

황금 은행잎으로 제작한
원피스와 부츠, 높은 구두를 신은 채
갈대로 스카프를 두르기도 하고
도토리 목걸이 한 채를 걸고
누군가를 기다리기로 하자

거울 앞에 앉아
무르익은 가을까지 얼굴에 바르며
비웃음으로 보일지언정
화장을 하고 있다

코스모스 길게 뻗은 길을 따라
걸으면서
가을을 만끽하는 사람들과
하늘이 그려놓은 초승달 끝머리에
구름으로 얼기설기 사다리 만들어
하늘 문을 열어보자

나는
가을비가 내리는 날이면

멀어져 간 사랑하는

사람을 위해

운명적인 만남이 이뤄지면 좋겠다

　　　　－「가을을 기다리는 여자」 전문

　글 초두에서 나는 시인에 대한 아무런 정보 없이 원고를 받았다고 했다. 그럼에도 위에 인용된 두 편의 작품만으로도 그가 어떤 사람인지, 그의 생각은 무엇인지, 또한 그의 시 쓰기 스타일은 어떤 것인지 많은 실제적 사실을 알 수 있을 것 같다.

　시인은 우선 진솔하다. 내리는 비를 바라보며 시인은 자신의 느낌과 생각을 그대로 토로한다. 이와 함께 수반되는 옛날의 추억이라든가 앞날의 희망도 솔직하게 털어놓는다. 시집 전체의 많은 작품들이 마치 일기를 읽는 듯한 느낌이 들게 한다. 일기는 자신의 생활 행적이나 마음의 흐름을 '거짓 없이' 기록한 비망록이다. 즉 자신의 '참모습'을 그대로 드러내어 보여주는 것이다. 「가을비」에서 시인은 내리는 비를 보며 "그 누구와/ 거닐고" 싶은 충동을 느낀다. 그리고 "동해바다/ 작은 섬"을 떠올린다. 그리고 그곳 "긴 백사장 송림"에 내리던 가을비를 회상한다. 시인은 가을비가 "망각을 깨우며" 내리고 있다고 말한다. 자칫 잊어버리고 말았을 어떤 사실, 즉 작은 섬을 함께 거닐던 '그 누구'를 회억하게 하고 '그때'를 추억하게 하고 있는 것이다. 가을비를 혼자 바라보고 있는 시인의 진솔한 심사가 가슴에 다가온다.

「가을을 기다리는 여자」에서도 비는 내린다. 시인은 이날 "누군가를 기다리기로" 하고 단장을 한다. "황금 은행잎으로 제작한/ 원피스"를 입고, "갈대로 스카프"를 두르고, "도토리 목걸이"를 목에 건다. 모든 소재들이 한결같이 가을이란 계절의 정취를 짙게 풍긴다. 그리고 "거울 앞에 앉아/ 무르익은 가을까지 얼굴에 바르며" 화장을 하고 있다. 화자의 여성스러움이 절로 느껴진다. 화자는 왜 이처럼 곱게 단장하고 치장하고 있는 것인가. 또한 화자는 "코스모스 길게 뻗은 길"을 걸어 "구름으로 얼기설기 사다리 만들어" "하늘 문을 열어"보겠다고 말하는데 왜 그러한가. "누군가" 만날 것을 기다리고 있기 때문이다. 또한 "멀어져 간 사랑하는/ 사람"과의 "운명적인 만남"을 기대하고 있기 때문이기도 하다. 그러나 이 만남은 '약속'한 것이 아니다. 단지 화자의 '희망'일 뿐이다. 그럼에도 이처럼 "가을비가 내리는 날" 멀리 있는 사랑과의 만남을 기대하고, 기다린다는 것은 전혀 이상한 일이 아니다. 얼마든지 있을 수 있는 일이다. 가을비를 혼자 보며 "거울 앞에 앉아" 단장하고 있는 시인의 고적한 심사가 여실하다.

2.

  나는 시인의 작품들을 읽으며 마치 일기를 읽는 듯한 느낌이 들었다고 말한 바 있다. 일기는 결코 어느 날 일어난 사건만을 기록하는 것은 아니다. 물론 사건은 당연히 일기의 주요 소재가 되겠지만 평범한 일상을 영위하는 보통 사람에게 뜻밖의 주목받는 일인 '사건'이라 할 만한 것은 별로 없을 것이다. 일기는 그저 일상의 생활 행적과 그에 따른 마음의 흐름을 솔직하게 기록함으로써 자신의 '참모습'을 그대로 드러내는 것이다. 그렇다 보면 자연히 자기반성과 이에 따른 인격적 수양도 기할 수 있게 될 것이지만 문학적인 면에서 볼 때 무엇보다 중요한 것은 작품이 '진실의 제시' 기능을 갖게 된다는 점이다.

  앞의 두 작품은 비 내리는 가을의 서정을 배경으로 하고 있지만 다음 작품의 시적 배경은 의외로 완전히 달라진다.

> 요즘 분리수거를 하다 보니
> 쓰레기 배출 내용물이 별로 없다
>
> 비닐봉투지는 내 피부의 나이
> 플라스틱은 딱딱한 내 자존심
> 빈 병은 속을 게워 낸 것 마냥

개운하다

깡통은 내 머리의 회색 그늘 숲속

연두 바람에 흔들리며

빈소리가 요란하다

일생의 소중했던 삶의 편린들을

대충 분리수거하고 보니

이제 남는 것은 황량한 벌판에서

밀려오는 사나운 허무함

그리고 외로움만 남을 뿐이다

— 「내 나이 분리수거하다」 전문

'분리수거'는 쓰레기 내용물에 따라 재활용을 할 수 있는 것들을 골라 따로 수거하는 것을 말할 것이다. 시인은 자신이 분리수거하는 대표적인 쓰레기들에 대해 언급하기 시작한다. 완전히 백팔십도 바뀐 시적 분위기다. 그러나 그것들을 바라보는 데에도 나름대로 생각은 있다. '비닐봉투지'는 쭈글쭈글한 "내 피부의 나이" 같다. 딱딱한 '플라스틱'은 "내 자존심" 같다. '빈병'은 개운한 것이 "속을 게워 낸 것" 같다. '깡통'은 자신의 회색 머리 숲속에서 "빈소리가 요란"하게 "바람에 흔들"리는 것 같다.

'비닐봉투', '플라스틱', '빈병', '깡통' 등은 확실히 분리수거 대상들이다. 그런데 이 대상들은 세월이 흘러 시인도 나이가 들었음을 비유하고 있다. 특히 '비닐봉투 같은 내 피부'나 '회색 머리 그늘'과 같은 말은 얼마나 세월의 흐름을 여실하게 표현하고 있는가. 시인은 이런 대상들을 일생의 "삶의 편린들"로 치환하여 생각해 본다. 그리고 이것들을 "대충 분리수거하고" 나면, 이제 남는 것이 무엇인가를 생각해 보고 있다. 그것은 "황량한 벌판에서/ 밀려오는 사나운 허무함"과 "외로움" 뿐이다.

 쓰레기를 치우는 일은 평범한 주부의 일상이다. 살다 보면 쓰레기는 수없이 발생하기 마련이고 그것을 치우는 것은 너무나 당연한 일이다. 분리수거 대상 쓰레기도 그것이 어떻게 재활용되는지는 몰라도 여하튼 주부에게는 치워야만 하는 쓰레기에 불과하다. 그런데 시인은 이것들을 자신이 살아온 '삶의 편린'들로 생각하며 사유하고 있다. 그리고 강한 허무함과 외로움을 느낀다고 솔직하게 토로한다.

 '진실의 제시' 기능은 문학작품이 발휘하는 지속적 호소력의 원천 중 하나다. '삶의 진실'이 너무나 잘 드러나 있다고 감탄하게 되는 작품이 바로 이런 경우다. 소박한 감정을 토로하는 서정시에서도 진실성은 가장 중요한 가치판단의 기준으로 적용되게 마련이다. 자신의 하루하루 생활의 '참모습'을 그대로 기록한 시인의 시편에 경험적 사실과의 불일치는 있을 수 없다. 오직 '일관된 진실성'을 제시하고 있을 뿐이다.

> 아 벌써 가을이 오나봐요
> 쉰하고 네 번째 가을
> 나에게 뜬금없이 묻습니다
>
> 내가 사랑하고 아팠던
> 수많은 사연들
> 오색으로 물들어 갈 텐데요
> 마음속
> 가장 깊은 곳에 단풍이 들고
> 시가 되어 남아 있겠지요
>
> ―「쉰하고 네 번째 가을」 부분

위 작품에서는 "쉰하고 네 번째 가을"이 온다며 자신의 현재 나이가 쉰네 살이라는 점도 솔직하게 고백하고 있다. 그렇게 지난 오랜 세월, 시인이 "사랑하고 아팠던/ 수많은 사연들"은 이제 계절의 "오색으로 물들어 갈" 것이다. "마음속/ 가장 깊은 곳에 단풍"으로 물들어 갈 것이다. 그리고 그것들은 "시가 되어 남아" 있게 될 것이다.

여기서 특별히 주목할 점은 그렇게 사랑하고 아파했던 자신의 '수많은 사연들이 시가 되어 남아 있을 것'이라는 점이다. 맞는 말이다. 우리는 앞에서 시인의 일상생활 행적과 그에 따른 갖가지 마음의 흐름, 즉 "수많은 사연"들이 한 편씩 시로 형상화되고 있는 것을 보았다. 바로 이렇게 그의 시가 인위적이지 않고 자연스럽게 빚어지기 때문에 작품들은 진실의 제시 기능을 제대로 발휘할 수 있었던 것이다.

3.

우리는 앞에서 인용된 몇 편의 작품을 읽었다. 그리고 느낀 것은 시인의 작품에는 난해한 구석이 전혀 없다는 점이다. 이는 진실의 제시 능력과 함께 시인 작품의 가장 큰 특징이자 미덕이라고 생각한다.

난해한 시는 나름대로 그럴만한 당위성이 있다. 모더니즘 이후의 현대 시에서는 자연과 인간의 삶을 객관적으로 모방하거나 반영하고자 하는 리얼리즘의 재현성을 배제하고 있는 것이 사실이다. 이들의 관점에서 보면 삶의 실재는 고정 불변한 것이 아니다. 따라서 그것들을 객관적·논리적으로 재현한다는 것은 불가능한 일이다. 이런 관점에 따라 종래의 시공간에 대한 전통적 사고는 버려진다. 시인은 작품구성에 있어서 논리적 일관성이나 유기적 통일성을 배제한다. 대신 자신의 의식 내면에 흐르는 감각, 감정, 기억, 연상, 인상을 '내적 독백'과 같은 방법으로 표출한다. 의식은 고정되지 않고 끊임없이 유동하기도 하고 중첩되기도 한다. 이 경우 무질서한 '의식의 흐름'이 파편적으로 표출되게 마련이고 리얼리즘의 사실적 재현과는 거리가 멀어질 수밖에 없다. 독해의 난해성이 수반되는 것은 당연하다.

그러나 독자들은 이런 작품을 읽기 위해 머리를 싸매지는 않는다. 얼마든지 독서할 많은 다른 작품들이 기다리고 있기 때문이다. 독자의 눈길은 절로 다른 작품으로 옮겨지고 이런 경우 의식의 흐름이 파편적으로 기술된 난해한 시는 그저 '인쇄된 검은 글자'로 되돌아갈 뿐이다.

나는 시인이 일기처럼 글을 쓴다고 강조한 바 있다. 일기는 자신의 하루 생활의 '참모습'을 '거짓 없이' 기록하는 것이다. 여기에 의식 내면의 파편적 독백 같은 난해성은 낄 자리도 없다. 어떤 독자라도 읽기에 어렵지 않은 당연한 이유가 되는 것이다.

가난한 박씨 집안에 시집을 와서

풀대죽 끓인 고생으로

살아오신 어머니

내 길 왠지 모르게

사막 끝자락처럼 닮았다

동생마저도 삶이 그저 그렇다

삭신 쑤시는 곳 부여잡으며

쇠약해진 어머니의

약지손가락 반지 하나 끼지 못한

주름까지도 닮았다

살아온 연륜의 세월이 너무 길다

한겨울 찬바람에도

꿋꿋이 인내하며

굽은 고목처럼 우둘투둘하게 패인

빈 껍질처럼

어머니 얼굴에는

고랑이 깊어만 간다

  − 「어머니 1」 전문

  세상 어느 작가도 어머니에 관한 글 한 번 안 쓴 사람은 없으리라. 그만큼 어머니는 예술세계에서도 그 표현 대상으로 결코 빠질 수 없는 귀한 존재다. 시인도 같은 시제의 「어머니 1」, 「어머니 2」에 더해 「어머니의 봄」이라는 작품까지 발표하고 있다.

작품의 첫 연은 어머니의 신산한 삶을 묘사하고 있다. 어머니는 "가난한 박씨 집안"으로 시집와서 "풀대죽 끓"이며 살아오셨다. 하기야 1970년에 시작된 범국민적인 지역 사회 개발 사업이었던 새마을운동이 있기 전에는 거의 모든 사람이 흰 쌀밥도 제대로 먹을 수가 없었다. 아마 시인도 시인의 동생도 어린 시절 그런 궁핍을 견뎌내고 살았을 것이다. 그렇게 어려운 시절, 자식들까지 건사하며 사신 어머니는 "삭신 쑤시는 곳 부여잡으며" 쇠약해 갔을 것이다. 오죽했어야 "약지손가락 반지 하나" 제대로 끼지 못하고 사셨을까.

보통 사람도 "살아온 연륜의 세월"이 길어가면 주름이 생긴다. 하물며 "한겨울 찬바람에도/ 꿋꿋이 인내하며" 살아야 했던 어머니는 오죽했겠는가. 굽은 고목의 "우둘투둘하게 패인/ 빈 껍질처럼" 어머니 얼굴에는 깊은 고랑만 남았다. 시인은 자신의 속내를 직접 발화하지는 않는다. 그러나 어머니 얼굴의 '깊은 주름'을 통해 어머니에 대한 고마움과 안타까움을 애절하게 드러내고 있다.

그럼에도 시인은 어둡고 부정적인 모습으로만 어머니를 그리지 않는다. 어머니는 아직 살아계시고 가끔은 밝고 건강한 모습도 보여주시고 있다.

오늘은 장구 치는 목소리가
건강하다
내 이름을 덩더꿍 부른다
기분이 좋으시나 보다
정말 다행이다
어머니 목소리 듣기만 해도
바로 건강을
체크할 수 있었다

깨소금 한 바가지 들어붓는
느낌이다
어머니는 그 고소함처럼 웃으신다
육신이 정상이라서 고마워요
건강하시면 날마다
충분히 고소한 깨를 볶아드릴게요
어머니…….

- 「어머니 2」 부분

  화자의 어머니는 가끔 기분이 좋으시면 장구를 치며 소리까지 한바탕 하시는 모양이다. 시인은 "어머니 목소리 듣기만 해도/ 바로 건강을/ 체크할 수" 있는 사람이다. "오늘은 장구 치는 목소리"가 아주 건강하게 들린다. 어머니를 사랑하고 걱정하는 시인의 기분은 오늘 어떠할까. 그야말로 "깨소금 한 바가지 들어붓는/ 느낌"이 아니 들 것인가. 그 "고소함처럼" 웃으시는 어머니께 시인은 진정으로 감사하고 있다. 그리고 작정한다. 건강만 하시다면 "날마다/ 충분히 고소한 깨를 볶아" 드리겠다고. 어머니를 생각하는 시인의 따뜻한 마음이 가슴이 뭉클하게 다가온다.

이런 마음은 「어머니의 봄」에서도 한결같다. 봄이 다시 찾아와 "따뜻한 봄볕이 마당 그루터기에/ 가득 쌓일 때", 그래서 어머니가 "훔친 햇살을 머금으며 눈을 지그시 감"으실 때, 시인은 "햇살과 바람 그리고 꽃분홍"을 "푸른 구름에 실어" 어머니께 가득 바치고자 한다. 어머니는 그때 "나의 봄아/ 오래오래 머물다 가려무나"라고 만족하며 말씀하실 것이다. 우리는 모두 믿는다. 그 봄이 꼭, 꼭 올 것이라고.

4.
시집 제목이 『꽃잎에 편지를 쓰다』이다. 이 말은 '꽃잎에 자신의 마음을 담겠다'는 말이나 진배없다. 막상 시인은 이 말을 그대로 시제로 견인하고 있지는 않지만 여러 꽃을 등장시켜 자신의 마음을 담아내고 있다.

봉우리가 언제 피었는지

겨울 빈 가지만 추위에 떨고 있다가
어느새 꽃이 만발했다

돌이켜 보면
내면에서부터 피어오른
소복 입은 아낙네 치맛자락이다

하늘을 향해 손을 저어 팔랑거리는
한 송이로 핀
내 어머니 얼굴이다

해질무렵
내 신장보다
높은 곳에서 내 인생을 묻는
목련꽃이여
마음을 슬프게 하는 아련한
눈빛 안에
하늘 육신의 순백이다

- 「목련」 전문

  목련(木蓮)은 글자 그대로 '나무에 핀 연꽃'이라는 뜻이다. 새하얀 꽃잎이 마치 흰 보석 진주를 닮았다 하여 '나무 위의 진주'라고 말하기도 한다. "소복 입은 아낙네 치맛자락"이라든가 "하늘 육신의 순백"이라는 묘사로 보아 작품에서의 목련은 '백목련'임에 틀림없다.

  이 하얀 목련꽃이 만발했다. "봉우리가 언제 피었는지"도 몰랐고, "빈 가지만 추위에 떨고" 있을 줄 알았는데 어느새 꽃은 "내면에서부터 피어오른" 아낙네의 소복 "치맛자락"처럼 활짝 피었다. 시인은 "하늘을 향해 손을 저어 팔랑거리는" 꽃을 보며 갑자기 그것은 한 송이 "내 어머니 얼굴"이라고 단언한다. 내 어머니 얼굴 '같은' 비유가 아니다. 꽃은 어머니 얼굴 그 자체가 되는 것이다.

  목련에 대해 좀 더 알아볼 필요가 있을 것 같다. 목련속(Magnolia)의 나무는 백악기 때부터 현대에까지 살아남은 가장 오래된 꽃식물 중 하나이다. 즉, '최초의 꽃' 중 하나이며, 이 꽃이 아직까지도 살아남아 우리들이 볼 수 있는 것이다. 목련이 피는 시기는 벌과 나비가 출현하기 전이다. 그래서 꿀샘이 없고 대신 꽃가루를 먹는 딱정벌레 등을 유인해야 하기 때문인지 목련에는 유달리 '향이 강하고 멀리 퍼지는' 꽃이 핀다. 시인은 의도적으로 목련의 꽃말을 후기하고 있다. 즉 '고귀함, 숭고한 정신'이다. 이런 점들을 고려할 때 이 하얀 꽃은 충분히 어머니 얼굴에 비견될 수 있다. 우리는 앞서의 작품에 묘사된 어머니 얼굴의 '깊은 주름'을 기억한다. 그 주름은 바로 오랜 세월 자식을 위해 헌신한 '고귀하고 숭고한 정신'의 표상이 아니고 또 무엇이란 말인가. 꽃을 보면서도 어머니를 생각하는 시인의 마음이 참 곱다.

목련은 높이 10m 정도로 3~4월 가지 끝에 잎보다 먼저 흰색 꽃이 핀다. 따라서 시인의 "신장보다/ 높은 곳"에 위치한다는 말은 옳다. 그런데 시인은 그 꽃이 '높은 곳'에서 "내 인생을 묻는" 꽃으로 여겨진다. 이 물음에 어느 누가 내 인생은 어떠하다고 자신 있게 대답할 수 있을 것인가. 시인도 우리도 답을 못하고 그저 "마음을 슬프게 하는 아련한" 꽃의 눈빛을 바라볼 뿐이다. 그 눈빛 안에는 "하늘 육신의 순백"이 있다는 발화로 시는 마감된다. 육신은 '六神', 즉 오방(五方)을 지킨다는 여섯 신으로도, '肉身', 즉 대종교에서 말하는 영혼의 현신(現身)으로도 읽을 수 있을 것이다. 여하튼 하늘에도 성정이 있다면 그것은 티 없이 맑고 깨끗한 '순백(純白)'이 될 것이다. 하얀 목련처럼.

'꽃에 쓴 편지'처럼 시인의 마음을 꽃에 담은 작품 한 편을 더 보자.

가느다란 줄기 옆에서
노오란 꽃잎 사랑을 하는지
꽃 피우려나

봄을 알려 주려나

봄에는 꽃들이 서로 먼저 피려고

질투를 해요

나란히

수정처럼 맑은 이슬에

세수를 하고

태양이 오르면 분단장을 하며

이 자리에 황금빛 꽃과

속눈썹 뽀얀 수술들이 있어

벌 나비 어서 오세요

부담 없이 꼭 가벼운 발걸음으로

찾아오세요

- 「개나리」 전문

  개나리는 "봄을 알려" 주기라도 하는 듯 "가느다란 줄기 옆"에서 "노오란 꽃잎"을 피운다. 시인은 "봄에는 꽃들이 서로 먼저 피려고" 서로 "질투를" 한다고 느낀다. 그렇다고 해서 다른 사람을 시기하고 샘을 내는 인간들의 질투와는 전혀 다르다. 춥고 긴 겨울이 끝나고 봄이 왔으니 서로 봄소식을 먼저 알려주기 위해 '다투어' 피는 것처럼 느껴질 뿐이다. 맞다. '개나리'는 전통적으로 '진달래'와 함께 겨울이 끝나고 봄이 왔음을 알리는 꽃이다. 또 있다. 앞서의 '목련'이 그렇고 '벚꽃' 또한 마찬가지다. 이 꽃들이 서로 '질투'를 하며 핀다는 표현이 아주 참신하다.

개나리는 한국인에게 매우 친근한 꽃이다. "나리 나리 개나리 입에 따다 물고요, 병아리떼 종종종, 봄나들이 갑니다."라는 동요는 어릴 적부터 모르는 사람이 없을 것이다. 3월에 항상 만개하는 꽃으로 새 학기의 시작을 알리는 꽃이기도 하기에 초등학생부터 대학생까지 모든 학생은 이 꽃을 보며 학교에 간다. 이 개나리꽃이 "이슬에/ 세수를 하고/ 태양이 오르면 분단장을 하며" 벌 나비 어서 오라고 초대하고 있다. 어디 벌 나비 뿐이랴. 모든 우리 한국인에게 "부담 없이 꼭 가벼운 발걸음으로" 찾아오라고 초대하고 있다. 다시 한번 개나리가 얼마나 우리에게 다정하고 친근한 꽃인지를 재차 확인시켜 주는 대목이다.

작품에서 한 가지 주목할 점이 있다. 시인은 꽃이라는 사물에 고스란히 '인간의 속성'을 부여하고 있다. '세수'하고 '분단장'한다는 것은 사람만이 할 수 있는 일이다. 게다가 시인은 앞에서 꽃이 '질투'까지 한다고 말한다. 사물에 인격을 부여함으로써 꽃은 더 생동감 있고 아름답게 그려지고 있는 것이다.

6.

나는 시인의 작품을 읽으며 크게 두 가지 특징을 보았다. 하나는 자신의 느낌과 생각을 숨김없이 토로한다는 점이다. 이는 문학작품이 발휘하는 지속적 호소력의 원천 중 하나인 '진실의 제시' 기능에 정확히 부합한다. 또 하나는 시인의 '언어구사'에 관한 것이다. 원래 시 언어는 투박하고 절실한 정감을 토로하는 '기층언어'였을 것이다. 시인은 이런 모국어의 기층 어휘들을 풍성하게 구사한다. 그리하여 시인은 어려운 관념적·추상적 언어를 사용하여 독서에 난해함을 야기하지 않는다. 시인의 큰 미덕이라 할 수 있다. 앞으로도 이 미덕을 충분히 살려 좋은 글이 계속되기를 기원한다.

박미혜 시집

꽃잎에 편지를 쓰다

인쇄 2024년 9월 30일
발행 2024년 10월 05일

지은이 박미혜
발행인 서정환
펴낸곳 인간과문학사
주소 서울시 종로구 삼일대로 32길 36(익선동 30-6 운현신화타워) 305호
전화 (02) 3675-3885 (063) 275-4000
팩스 (063) 274-3131
이메일 sina321@hanmail.net   easay321@hanmail.net
출판등록 제300-2013-10호
인쇄·제본 신아출판사

저작권자 ⓒ 2024, 박미혜
이 책의 저작권은 저자에게 있습니다. 서면에 의한 저자의 허락없이 내용의 일부를 인용하거나 발췌하는 것을 금합니다.
COPYRIGHT ⓒ 2024, by Park Mihye
All right reserved including the rights of reproduction in whole or in part in any form.
저자와 협의, 인지는 생략합니다.
잘못된 책은 바꿔 드립니다.

ISBN 979-11-6084-238-8 03810
값 15,000원

Printed in KOREA